Inhalt

Griechenland-Anleihen - Milliardengrab und Spekulationsobjekt

Kernthesen

Beitrag

Fallbeispiele

Weiterführende Literatur

Impressum

Griechenland-Anleihen - Milliardengrab und Spekulationsobjekt

Gerhard Dengl

Kernthesen

- Griechenland steht wieder im Zentrum der europäischen Diskussion. Das milliardenschwere Hilfspaket von EU und IWF zeigt kaum Wirkung. Angesichts der aktuellen Schulden- und Zinslast ist bereits jetzt absehbar, dass sich das Land nicht mehr aus eigener Kraft rehabilitieren können wird.
- Um Griechenland-Anleihen überhaupt noch verkaufen zu können, müssen astronomische Verzinsungen geboten werden. Auf diese Weise werden

Staatsanleihen zu Spekulationsobjekten.
- Zu einer Umschuldung wird es kaum Alternativen geben, aber dennoch ist dies keine saubere Lösung. Sie würde einerseits das europäische Finanzsystem gefährden und andererseits Spekulanten in die Hände spielen.

Beitrag

Griechenland in der Schuldenfalle

Selbst das Geheimtreffen der Finanzminister der größten EU-Länder am ersten Mai-Wochenende in Luxemburg brachte keine Entspannung. Offiziell wird weder über einen Austritt Griechenlands aus dem Euroraum diskutiert, noch über eine Umschuldung des mit 327 Milliarden Euro in der Kreide stehenden Landes. Stattdessen soll über einen neuen Wirtschaftsplan früher oder später die Wende geschafft werden. Glauben will diese Geschichte aber niemand so richtig. Griechenland wird bereits von der EU und dem Internationalem Währungsfonds (IWF) mit 110 Milliarden Euro gestützt. Die Austritts-Spekulationen könnten ein Zeichen für die Unzufriedenheit der griechischen Regierung mit den Bedingungen des Rettungspakets sein. Auf der anderen Seite ist es auch wahrscheinlich, dass der IWF mit der Umsetzung des Sparpakets unzufrieden ist. So kommen beispielsweise Griechenlands Bemühungen zur Privatisierung maroder Staatskonzerne so gut wie gar nicht voran. Dies alles nährt jedenfalls Zweifel daran, dass Griechenland die Bedingungen für die Auszahlung der nächsten Kredittranche des Hilfspakets erfüllen kann. Der Druck, über eine Umschuldung nachzudenken, steigt auf allen Seiten. (1)

Warum kommt Griechenland nicht mehr alleine aus der Krise?

Das Land steckt in einem Teufelskreis: Das Vertrauen von Investoren in die griechische Wirtschaftskraft hat einen Tiefpunkt erreicht. Um überhaupt noch frisches Geld für die Finanzierung des Staatshaushaltes einwerben zu können, muss Griechenland sehr hohe Renditen versprechen. Das Land droht jedoch unter dieser zukünftigen Zinslast zusammenzubrechen. Auch das wissen die Investoren. In der gegenwärtigen Situation kann Griechenland kaum noch vernünftig reagieren. An den Kreditmärkten geht der ungebremste Fall griechischer Staatsanleihen indes weiter: Die Rendite zweijähriger griechischer Papiere kletterte Ende April erstmals über die Marke von 25 Prozent - ein mehr als abenteuerlicher Wert. Trotz aller öffentlichen Dementi von Seiten Griechenlands, der EU oder des IWF preisen die Investoren damit eine baldige Restrukturierung der griechischen Schulden bereits ein. Im Schnitt notieren die Papiere schon etwa 40 Prozent unter ihrem Nennwert. (2), (7)

Wer würde unter einer Umschuldung leiden?

Unmittelbar betroffen sind die Gläubiger Griechenlands. Eine Umschuldung könnte beispielsweise bedeuten, dass sie auf einen Teil ihrer Forderungen verzichten und den noch ausstehenden Betrag über einen längeren Zeitraum in kleineren Raten zurückbekommen - oder eben auch nicht! Denn wenn Griechenland auch das nicht schafft, könnte immer wieder umgeschuldet werden. Kurz gesagt: Eine Umschuldung lohnt sich nur dann für die Gläubiger, wenn die einzige Alternative ein Komplettverlust ist.
An zweiter Stelle ist die Europäische Zentralbank (EZB) zu nennen. Eine Umschuldung Griechenlands würde aus Sicht der EZB einen Dominoeffekt an den Kapitalmärkten auslösen. Keiner der anderen europäischen Problemstaaten wäre noch zu einer disziplinierten Haushaltsführung anzuhalten, da sie wüssten, dass im Zweifelsfall stets der Weg der Umschuldung beschritten werden kann. Über kurz

oder lang wäre nicht nur das Vertrauen in die Euro-Länder weg, sondern auch in die Währung selbst. Das Horror-Szenario für die EZB. (4)

Wer würde von einer Umschuldung profieren?

Zuallererst natürlich Griechenland selbst, da es von einem Tag auf den anderen eine geringere Schuldenlast zu stemmen hätte. In zweiter Linie aber auch all jene, die von Anfang an darauf spekuliert hatten, dass es zu einer solchen Maßnahme kommen würde. Hierzu zählen sicherlich die Investoren, die die aktuellen Staatsanleihen zu einer attraktiven Rendite von etwa 25 Prozent gekauft haben. Wenn es zu einer Umschuldung kommt, und der Schuldenschnitt bei etwa 20 Prozent gemacht wird, dann hätte sich das Investment bereits gelohnt. Nach Einschätzung von Branchenexperten ist jedoch eher mit einem Wert zwischen 40 und 50 Prozent zu rechnen. Diese massiven Verluste wirken sich jedoch nur bei kurzfristigen Anleihen bis maximal zwei Jahre so stark aus. Bei länger laufenden Anleihen kann die Wette durchaus aufgehen. Auch sie weisen eine recht hohe Rendite auf, durch die lange Laufzeit aber auch einen hohen Risikopuffer. So stünde der Käufer einer griechischen Anleihe mit einer Laufzeit bis 2015 selbst bei einem Forderungsverzicht von fast 50 Prozent noch genauso gut da wie beim Kauf einer vergleichbaren Bundesanleihe. (3)

Trends

Wie sähe eine Umschuldung im Detail aus?

Während sich die griechische Regierung noch bemüht, die Umschuldungsdebatte zu beenden, wird im Markt schon eifrig diskutiert, wie denn eine konkrete Restrukturierung der Schulden aussehen könnte. Verschiedene Varianten kommen dabei in Betracht: Kuponstundung, Kuponherabsetzung, Laufzeitenverlängerung, Nominalwertreduktion oder eine Mischung daraus. Die am besten nach außen hin vertretbare Variante wäre die schlichte Verlängerung der Laufzeit. Unter Marktteilnehmern wird aber auch diskutiert, ob mit Blick auf die Schuldentragfähigkeit der Hellenen nicht zusätzlich noch eine Kuponherabsetzung in Betracht gezogen werden muss. (5)

Diskussion um eine "freiwillige" Umschuldung

Während die Europäische Zentralbank nicht müde wird, vor den Gefahren einer Umschuldung für das Finanzsystem und die Währung zu mahnen, sucht die Politik nach einer pragmatischen Lösung für das aktuelle Dilemma. Immer häufiger drehen sich die Diskussionen um die Idee, dass Griechenland eine Umschuldung nicht einfach dadurch erzwingt, dass es sich öffentlich dazu bekennt, die aktuelle Schuldenlast nicht mehr stemmen zu können, sondern dass die Gläubiger von sich aus eine freiwillige Umschuldung anbieten, zum Beispiel in Form eine Laufzeitverlängerung. Diese Lösung hätte den Charme, dass Griechenland innerhalb der EU weiterhin sein Gesicht wahren kann. Für die Gläubiger macht es dagegen keinen großen Unterschied. Sie bekommen ohnehin nur das, was Griechenland leisten kann - ob sie freiwillig auf einen Teil ihrer Forderung verzichten, oder ob sie von der Situation dazu gezwungen werden. (6)

Fallbeispiele

Verkäufer von Kreditausfallversicherungen suchen nach Auswegen

Verkäufer von Kreditausfallversicherungen (Credit Default Swaps, CDS) haben mit Griechenland derzeit ein riesiges Problem. Mittels Kreditausfallversicherungen können sich Anleger gegen einen drohenden Zahlungsausfall versichern. Allein auf griechische Staatsschulden wurden Ausfallversicherungen über knapp 4 Milliarden Euro abgeschlossen. Solange es nicht zum Ausfall kommt, ist das für die Verkäufer solcher Versicherungen ein sehr gutes Geschäft. Wenn aber der Staatsbankrott droht, wird es für die Versicherungen teuer, und deshalb suchen sie nun nach ganz eigenen Auswegen aus dem Dilemma. Hier könnte die Debatte um eine "freiwillige" Umschuldung dienlich sein. Während die Kreditversicherungsverträge nur den Ausfall des Schuldenstaates versichern, bleibt die freiwillige Umschuldung eine Grauzone, über die es zu diskutieren gilt. Obwohl die Investoren auch bei einer Restrukturierung der Schulden einen großen Teil ihres Geldes verlieren würden, zählt sie möglicherweise nicht als definiertes Versicherungsereignis. Die Folge: Die Versicherung zahlt nicht. Branchenexperten warnen aber vor juristischen Winkelzügen. Stellen sich nämlich Kreditausfallversicherungen als untaugliches Mittel zum Schutz vor einer Staatspleite dar, droht die Flucht aus anderen Euro-Anleihen, was die Finanzierung einiger EU-Randstaaten vor beinahe unlösbare Aufgaben stellt. (1)

Weiterführende Literatur

(1) Griechische Anleihen im freien Fall Furcht vor Entwertung von Kreditausfallversicherungen
aus Financial Times Deutschland vom 28.04.2011, Seite 15

(2) Die Last steigender Renditen Der Zinsanstieg im Euro-Raum spaltet die Zunft der Rentenfondsmanager. Sie bewegen sich nun auf schwierigem Terrain
aus Financial Times Deutschland vom 28.04.2011, Seite 3SA03

(3) Profiteure der griechischen Tragödie Investoren erwarten eine Umschuldung des Landes. Risikobereite Anleger können selbst in diesem Fall mit Gewinnen rechnen
aus Financial Times Deutschland vom 29.04.2011, Seite 24

(4) Griechen-Bonds können sich etwas erholen Markt setzt allerdings weiterhin auf Restrukturierung der Athener Staatsschuld - Renditeanstiege erwartet
aus Börsen-Zeitung, 29.04.2011, Nummer 82, Seite 18

(5) Umschuldungsdebatte bestimmt Credit-Markt Griechen-Papiere unter Druck - Portugal will an den Geldmarkt - Spanien versteigert am Donnerstag Bonds

aus Börsen-Zeitung, 30.04.2011, Nummer 83, Seite 17

(6) Die Tücken einer Umschuldung
aus Frankfurter Allgemeine Zeitung, 30.04.2011, Nr. 100, S. 21

(7) Rendite ohne Rettungsschirm Euro-Staatsanleihen
aus Capital vom 01.05.2011, Seite 128

Impressum

Griechenland-Anleihen - Milliardengrab und Spekulationsobjekt

Bibliografische Information der deutschen Nationalbibliothek

Die Deutsche Nationalbibliothek verzeichnet diese Publikation in der deutschen Nationalbibliografie; detaillierte bibliografische Daten sind im Internet über http://dnb.d-nb.de abrufbar.

ISBN: 978-3-7379-0508-4

© 2015 GBI-Genios Deutsche Wirtschaftsdatenbank GmbH, Freischützstraße 96, 81927 München, www.genios.de

Alle Rechte vorbehalten. Dieses Werk ist einschließlich aller seiner Teile – z.B. Texte, Tabellen und Grafiken - urheberrechtlich geschützt. Jede Verwertung außerhalb der Grenzen des Urheberrechtsgesetzes bedarf der vorherigen Zustimmung des Verlags. Dies gilt insbesondere auch für auszugsweise Nachdrucke, fotomechanische

Vervielfältigungen (Fotokopie/Mikroskopie), Übersetzungen, Auswertungen durch Datenbanken oder ähnliche Einrichtungen und die Einspeicherung und Verarbeitung in elektronischen Systemen.